季節風

→ 南東(夏)の風向き ⇨ 北西(冬)の風向き

札幌

横手

十日町

田代

野辺山

東京

北海道の気候

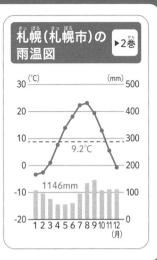

札幌(札幌市)の雨温図 ▶2巻

夏はすずしく、冬は寒さがきびしい気候です。ほかの地域にくらべると、梅雨や台風の影響をうけにくいため、1年の降水量は多くありません。日本の総面積の5分の1ほどを占める広さがあり、太平洋側、日本海側、オホーツク海側で気候がちがってきます。

9.2℃
1146mm

内陸の気候

周囲を標高が高い山にかこまれ、湿った風の影響を受けにくいため、降水量が少なくなります。また、海からはなれているので、夏と冬の気温差や昼と夜の気温差が大きいことが特徴です。

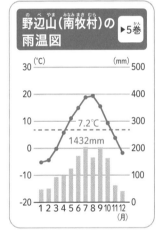

野辺山(南牧村)の雨温図 ▶5巻

7.2℃
1432mm

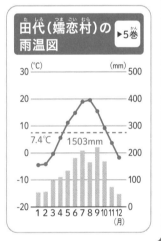

田代(嬬恋村)の雨温図 ▶5巻

7.4℃ 1503mm

太平洋側の気候

夏に降水量が多く、冬は乾燥して晴天の日がつづくのが特色です。夏に南東からふく風は湿っているため、蒸し暑い日がつづきます。梅雨や台風の影響をうけやすい気候です。

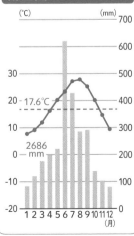

鹿屋(鹿屋市)の雨温図 ▶7巻

17.6℃
2686mm

厳原(対馬市)の雨温図 ▶8巻

16.0℃
2303mm

大垣(大垣市)の雨温図 ▶4巻

16.0℃
1964mm

東京(千代田区)の雨温図

15.8℃
1598mm

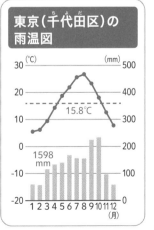

高い土地のくらし

群馬県嬬恋村・長野県野辺山原

もくじ

HOW TO USE

高い土地へ
行ってみよう!

この本の使いかた

本文中に【➡P.22】【➡8巻】とある場合、関連する内容が別のページやほかの巻にあることを示しています。

グラフや表では、内訳をすべてたし合わせた値が合計の値にならないことがあります。また、パーセンテージの合計が100%にならない場合があります。これは数値を四捨五入したことによる誤差です。

データのランキングや生産量などは、数値が非公開となっている項目は考えずに作成している場合があります。

この本にでてくるマーク

コラム　読むとちょっとものしりになれるコラムを紹介しています。

とりあげたテーマについて、くわしい人に話を聞いています。

三元豚*
にくらべ　このマークがついている用語には役立つ情報を補足しています。

はじめに

　左のページにある畑の写真は、群馬県嬬恋村の高原に広がるキャベツ畑です。この高原の標高は1000～1400mで、火山のふもとになだらかに広がっています。日本の国土の73%は山地が占めており、ほとんどは急な斜面や深い谷などがあるけわしい地形になっていますが、山地のなかのところどころに、このようななだらかな高原が広がっているところがあります。高原の成り立ちはさまざまですが、嬬恋村の高原は、四阿山や浅間山から流れでた溶岩や噴出物が谷を埋めてつくられました。

　高原の特徴は、標高が高いために、低い土地にくらべて一年中気温が低いことです。とくに夏のすずしさをいかして、キャベツやレタスなどが夏に栽培され、たくさん出荷されています。

　また、乳牛もすずしい気候を好むので、高原では酪農がさかんにおこなわれ、おいしい牛乳がつくられています。高原の夏のすずしさは、うだるような暑さの都会にくらす人たちの避暑地としても魅力です。いっぽうで、冬の寒さは格別ですが、スキーやスケートなどのウインタースポーツを楽しみ、冬季オリンピックで活躍する選手もたくさん生まれています。

　日本の国土には、さまざまな自然の環境をもつ地域があります。高原も、標高の低い土地にはない特別な自然の環境をもっています。高原の人々のくらしをとおして、自然とともに生きるわたしたちのくらしを考えてみませんか。

明治大学講師　宇根 寛

①高い土地の気候と地形

山地のなかには、高原とよばれる土地があります。それはどんな場所で、どのような特徴（とくちょう）があるのでしょうか。群馬県嬬恋村（つまごいむら）と長野県の野辺山原（のべやまはら）を例に、調べてみましょう。

高い土地はどこにある？

▲嬬恋村（つまごいむら）　浅間山（あさまやま）のすそのにキャベツ畑が広がる。

高原とは標高が高く平らな土地

日本の国土の73%は、山地が占（し）めています。しかし山地のなかにも平らな土地やなだらかな斜面（しゃめん）が広がっているところがあります。こうした場所を高原とよんでいます。

高い場所にありますが、標高何m以上を高原とよぶというような、高さによる決まりはありません。たとえば岡山県の蒜山高原（ひるぜんこうげん）は標高500mほどですが、群馬県の嬬恋村（つまごいむら）の高原はおおよそ標高1000m以上、長野県の野辺山原（のべやまはら）は1300m以上の場所に広がっています。

▽嬬恋村（つまごいむら）

嬬恋村（つまごいむら）は、群馬県の西のはしにあり、長野県に接している。北と西、南には高い山がそびえ、東側にも標高1500mほどの山々がつづいている。浅間山（あさまやま）の東南のすそのには、軽井沢町（かるいざわまち）がある。

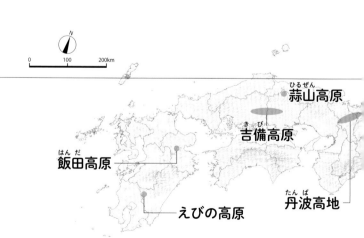

6

嬬恋村と野辺山原の成り立ち

高原ができる要因はさまざまです。火山の多い日本では噴火で流れでた溶岩や噴出物が谷を埋めて標高が高く平らな土地ができる場合が多く、野辺山原も群馬県嬬恋村の高原地帯もこのようにして形づくられました。

嬬恋村の高原地帯は白根山・本白根山の南側と四阿山の東～南側、浅間山の北側のゆるやかな傾斜地にあり、そのあいだを吾妻川が東西に流れています。

野辺山原は八ヶ岳の東のすそのにあります。全体に標高が高く、ここを走るJR小海線の野辺山駅はJRの駅のなかでもっとも高いところにあり、標高は1346m。駅の南西には標高1375mのJR鉄道最高地点があります。

日本のおもな高原

山地の中には高原のほか、なだらかな山々や高原がある、やや平らな高地とよばれるところもある。一般的に谷が発達しているのが高地、あまり発達していないのが高原とされるが、高原と高地にはっきりした区別はない。

▲ 八ヶ岳のすその　高原ではレタスやハクサイなど高原野菜【➡P.22】の栽培がさかんで、酪農のために牧草やデントコーン(飼料用トウモロコシ)もつくられている。

安比高原
妙高高原
北上高地
阿武隈高地
菅平
那須野原
朝霧高原
開田高原

野辺山原

長野県
硫黄岳 2760m
南牧村
海ノ口
男山 1851m
八ヶ岳
横岳 2830m
野辺山原
赤岳 2899m
野辺山駅
JR小海線
千曲川
川上村
国道141号
清里駅
山梨県

野辺山原は長野県の南牧村にあり、JR野辺山駅を中心にして、標高1300m以上の高原である。

高原の特徴や成り立ち、わかったかな?

7

高い土地の気候の特徴は？

標高があがると気温がさがる

標高が高く平らな土地のいちばんの特徴は、低い土地にくらべて気温が低いことです。気温は、基本的に標高が高くなるほどさがります。どのぐらいさがるかというと、100m高くなるごとに0.6℃ほどとされています。

標高0mの山のふもとに対して標高1000mの高い土地では6℃、標高2000mの山の上では12℃も気温が低くなります。それだけちがうと、生えている植物も変わり、生きものや人々の生活、土地の使われかたもちがいます。

嬬恋村Ⓐ～Ⓑの標高と土地の使われかた

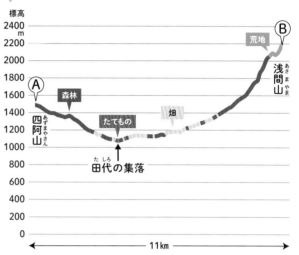

嬬恋村の土地の使われかた

◎国土交通省発表の土地利用細分メッシュデータ（平成28年度）から作成。判読できない一部の土地利用については凡例からのぞいた。

白線の内側が嬬恋村。山の高いところは森林。なだらかな山のすそのは畑。東西に流れる吾妻川の川沿いに国道が走り、集落がある。

田　畑地や牧場などその他の農用地
森林　荒地　たてもの用地　その他の用地
河川地および湖沼　ゴルフ場

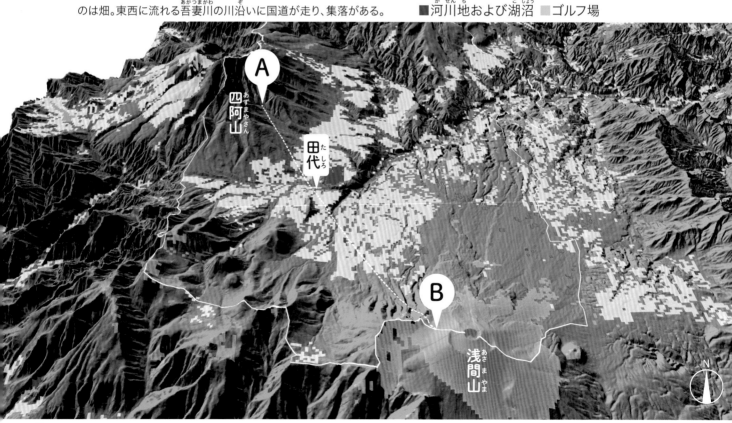

気温差は大きく雪は多くない

嬬恋村と野辺山原では標高の低い土地とくらべて、1日の最高気温と最低気温の差（日較差）が大きくなっています。これは高原や盆地など、土地が平らで山々にかこまれた場所によく見られる特徴です。

また、嬬恋村では気温は低くても積雪はそれほど多くありません。それは日本海で発生した雪雲を運んできた季節風が、白根山や横手山などにぶつかって雪を降らせたあと、乾燥した空気となって内陸の嬬恋村にふきおろすからです【➡3巻】。また、野辺山原は嬬恋村よりもさらに内陸にあるため、さらに積雪は少なくなっています。

▼ 内陸の山岳地帯にある
嬬恋村と野辺山原

山にかこまれているのがよく分かるね！

日本海
新潟県
妙高山 2454m
苗場山 2145m
岩菅山 2295m
横手山 2307m
白根山 2160m
四阿山 2354m
嬬恋村
浅間山 2568m
群馬県
長野県
八ヶ岳
野辺山原
金峰山 2599m
埼玉県
赤岳 2899m
山梨県

コラム

天文観測に適している
野辺山原の地形と気候

野辺山原には、国立天文台の野辺山宇宙電波観測所があります。国内はもちろん、世界中の研究者が訪れて、電波天文学の研究や装置の開発や改良などにとりくんでいます。標高が高く、空気が乾燥していて水蒸気の量が少なく、まわりを山にかこまれた平らな地形で、雪が少ないことなどが理由でこの場所が選ばれました。

電波観測に適しているのはもちろん、野辺山原では山にさえぎられて町の光が届かず、空気もすんでいるので星空がとてもきれいに見えます。星空を観賞したり観察したりするために、訪れる人もたくさんいます。

▲45m電波望遠鏡 ミリ波とよばれる電波を観測できる電波望遠鏡では、世界最大級の大きさ。

▲ **おそい桜の開花** 嬬恋村の桜の開花は4月の下旬になる。

高原とほかの場所を くらべてみよう

緯度が同じでも気温が低い

　下の地図にあるように、嬬恋村は海からはなれた内陸部、長野県との県境に近く、まわりを高い山にかこまれた場所にあります。同じ群馬県で嬬恋村の東にある前橋市は広大な関東平野にあり、山地がありません。

　気象観測所がある田代（嬬恋村）の標高は1230m、田代とほぼ同じ緯度の前橋（前橋市）の気象観測所の標高は

112mで、約1100mの標高差があります。そのため田代の年平均気温は前橋よりも7.6℃低くなっています。降水量は冬から春にかけて田代がやや多い傾向にあります。冬の前橋はすぐ北側にある山脈から「からっ風」とよばれる乾燥した風がふきおりるので、雨や雪はあまり降りません。田代は前橋とくらべると日本海側からの雪雲が到達することがあるため、前橋よりも降水量が多いのです。

▌ 比較する気象観測所の位置

▌ 田代（嬬恋村）と前橋（前橋市）の 月平均気温と月別降水量

＊気象庁発表の平年値（1991年～2020年の平均値）から作成。

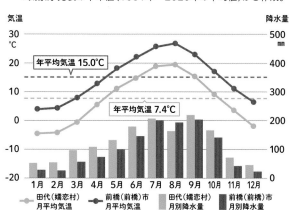

日較差は東京よりも大きい

いっぽう、野辺山（南牧村）は八ヶ岳の東側にあり、標高は1350mです。田代と野辺山の標高差は約100mで、月平均気温や月別降水量の傾向はほぼ同じです。

このふたつの高い土地と、関東平野の海沿いにある東京（千代田区）をくらべてみましょう。

降水量は梅雨の時期の6月〜7月は田代と野辺山のほうが多く、10月は東京のほうが多くなっています。東京が位置している太平洋沿岸部は台風の影響をうけやすく、台風の影響で秋雨前線が活発になると、雨がたくさん降りやすいからです。

1日の最高気温と最低気温の差（日較差）は、田代や野辺山のほうが東京よりも大きく、内陸部にある土地ならではの特徴を示しています。

野辺山（南牧村）と東京（千代田区）の月平均気温と月別降水量

◎気象庁発表の平年値（1991年〜2020年の平均値）から作成。

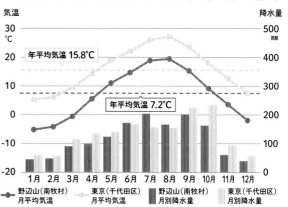

田代（嬬恋村）と東京（千代田区）の月平均気温と月別降水量

◎気象庁発表の平年値（1991年〜2020年の平均値）から作成。

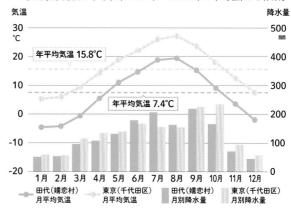

日較差のちがい　田代（嬬恋村）・野辺山（南牧村）・東京（千代田区）

◎気象庁発表の平年値（1991年〜2020年の平均値）から作成。

		1月	2月	3月	4月	5月	6月	7月	8月	9月	10月	11月	12月
田代	最高気温（℃）	-0.5	0.6	4.6	11.5	16.9	19.7	23.7	24.3	19.8	14.4	9	2.7
	最低気温（℃）	-8.9	-9	-5.4	0.3	5.7	10.6	15.3	15.8	11.8	5.1	-0.7	-5.9
	日較差（℃）	8.4	9.6	10	11.2	11.2	9.1	8.4	8.5	8	9.3	9.7	8.6
野辺山	最高気温（℃）	0.1	1.1	5.4	12.1	17.2	19.9	23.7	24.7	20.3	14.7	9.6	3.5
	最低気温（℃）	-12.2	-11.4	-6.4	-0.6	4.9	10.2	15	15.5	11.4	4.4	-1.8	-7.9
	日較差（℃）	12.3	12.5	11.8	12.7	12.3	9.7	8.7	9.2	8.9	10.3	11.4	11.4
東京	最高気温（℃）	9.8	10.9	14.2	19.4	23.6	26.1	29.9	31.3	27.5	22	16.7	12
	最低気温（℃）	1.2	2.1	5	9.8	14.6	18.5	22.4	23.5	20.3	14.8	8.8	3.8
	日較差（℃）	8.6	8.8	9.2	9.6	9	7.6	7.5	7.8	7.2	7.2	7.9	8.2

②高い土地の生きもの

山地と高原は同じように標高が高いので、高原には山地と共通の植物や動物もいれば、高原に特有な植物や動物もいます。代表的なものを見てみましょう。

嬬恋村の高原には
どんな生きものがいる?

さまざまな花が咲く草原

　浅間山のふもとの日あたりのよい開けた草原には、晩春から初夏にかけて花を咲かせるアズマシャクナゲやレンゲツツジ、食べられる実をつけるクロマメノキやコケモモなどの植物が育ちます。これらはみな、火山灰からできた土を好むツツジの仲間です。

　そのほか、村の花であるリンドウや、スズラン、ノアザミなどいろいろな花が見られ、その蜜を求めてチョウやハチがやってきます。また、高原はカッコウ、ノビタキなどの夏鳥の子育ての場所にもなっています。

　かつて牧場や牧草地として利用されていた草原のなかには、植林やキャベツの生産がさかんになった1950年代以降、森や畑に変わってしまった場所も多く見られます。高原の自然は人とのかかわりもあって形づくられたものなのです。

▶ アズマシャクナゲ 関東地方の山地に多く自生し、浅間山のすそのにも多く見られる。5月中旬～6月上旬に咲く。

◀ レンゲツツジ 高原などに生える低い木で、日当たりのよい場所にまとまってたくさん生えることがある。6月中旬～下旬に葉が出ると同時に花が咲く。

▶ リンドウ 湿った場所を好み、8月下旬～10月中旬に美しい青い花を咲かせる。嬬恋村の「村の花」になっている。

▲**スズラン** 高原によく見られ、1か所にかたまって生えて、つりがねのような白い花を咲かせる。花には強い香りがある。

◀**マルハナバチ**
ミツバチより体にまるみがあって、毛深いのが特徴。いろいろな種類があるが、写真はおもに高原に生息するヒメマルハナバチ。

▲**ノアザミ（真ん中）** 日当たりのよい山野に生えて、初夏から夏にかけて赤紫色や淡い紅色の花が咲く。

▲**ミヤマシロチョウ（左・上・右）** 南アルプスや浅間山系などの1400〜2000mの場所だけに生息し、絶滅危惧種になっている希少なチョウ。

花も虫も動物も
かわいいね！

▶**アサギマダラ** 山地に生息し、渡り鳥のように日本の本州や北海道と台湾や南西諸島【➡1巻】とのあいだを移動する。浅間山はそのとおり道にあたっている。

━━ コラム ━━

嬬恋村に現れるニホンカモシカ

ニホンカモシカは以前は高山にいる動物と思われていましたが、数が増えて高原にも現れるようになりました。夜に出てくることが多いツキノワグマやニホンジカ、イノシシとちがって昼間行動するので目撃されることも多く、嬬恋村では標高1200〜1400mでよく見られます。キャベツをかじる害獣ですが、特別天然記念物なのでつかまえるのにも許可が必要です。そのため追いはらったり畑へ入ってこないよう電気柵でかこうなどの対策がとられています。

▶**ニホンカモシカ**
名前はシカだが、実際にはウシのなかま。四国や九州の山地や、本州の中部から東北にかけての山地に生息している。

養蚕をおこなったむかしの家

出桁づくりの家とは

今も嬬恋村の集落では、バルコニーのように2階が1階よりもつきだした古い家をみかけます。これは出桁づくりといわれるたてかたで、養蚕＊をおこなっていた農家に多くみられます。気温が低く火山灰で土地がやせている高原では、米を育てにくいのでお金にするためにいろいろな仕事をしました。とくに養蚕は群馬県や長野県でひじょうにさかんでした。右ページの写真は、嬬恋村にある、かつては長野県の須坂方面へぬけていた道沿いの集落に残る家です。使われなく

なっていたんでいますが、50年ぐらい前までは家族がくらして、お酒や塩などの販売をしながら養蚕をおこなっていました。仕切りのない広々とした2階の空間を目いっぱい養蚕に利用し、1階より張りだしたところを通路として使いました。

大きな屋根の上に小さな屋根がつきだしています。これは換気のための高窓で、開けたり閉めたりすることで、室内の温度や湿度が蚕の生育にちょうどよくなるように調節するためのものです。この家の場合は高窓の下が3階になっていて、そこも養蚕に使いました。

＊絹製品の原料になる生糸を得るため蚕を飼育すること。

◀出桁づくり　60cmほど2階が外側へつきでて、外廊下のようになっている。

蚕のためにくふうされた設計なんだね！

▲ 嬬恋村に残る家 床の間つきの座敷が何部屋もある立派な家。養蚕のほかに商いもおこなっていた。

たいせつな馬といっしょにくらす

　この家には1階の入り口を入ると広い土間があり、右側に馬を飼う厩が残っています。自動車が一般的になる前は、馬は運搬にかかせず、どの家でも飼っていました。畑を耕すのに使ったり、育てた馬を嬬恋村でおこなわれていた馬市で売る家もあったそうです。

　こんなに立派な家でも暖房は和室のこたつと板の間のいろりだけです。寒い冬は1日中いろりの火をたき、暖をとりました。また、地区によっては窓の小さい土蔵づくり*の家も見られました。厚い土壁が寒さを防ぎ、夏もすずしくすごせたそうです。

*木の骨組みの上に、厚く土などをぬりかためて壁にする、家のつくり。

嬬恋村に残る家の間取り

蚕の棚を並べるために、2階は仕切りのない広々とした空間になっている。

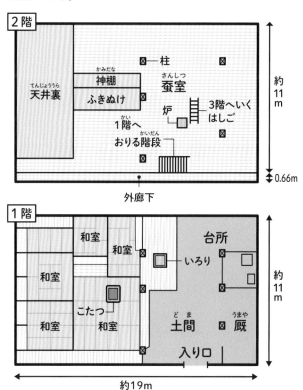

嬬恋村の寒さのなかで快適にすごせる家とは?

戦後の新しい木造住宅

　太平洋戦争後は、新しい技術をとりいれた木造の家がつくられるようになりましたが、寒さへの対策は、あまりとられていませんでした。水道管がこおるので、夜や何日も留守にするときは水道管の水をぬかなければなりませんでした。電熱線を巻いて凍結を防ぐ方法もありました。

　父と子2代にわたって嬬恋村で住宅をつくってきた古澤建築の古澤謙一さんによれば、1970年代はじめには断熱材やすきま風のないアルミサッシは普及していな

かったそうです。外部の熱や冷気が伝わりにくい断熱材は、だんだんと多くの家屋で使われるようになり、時代がすすむにつれて厚くなって断熱性能もあがってきました。

古澤さんが建てる家の断熱

屋根(天井)には厚さ400mm以上の断熱材を入れる。

400mm以上

■ 断熱材

外105mm以上　内120mm　内120mm　外105mm以上

70cm

水道管は床下にあるが、床下の空間も断熱しているので、こおることはない。

冬に20〜30cmの深さまで地面がこおるので、基礎の深さは70cm必要。

夏すずしく冬あたたかい高断熱住宅

くらしを変える断熱材

古澤さんは2005（平成17）年から、つくる住宅はすべて壁や天井（屋根）、基礎のまわりや床下にも厚く断熱材を入れた高断熱の家にしています。いちばん熱を伝えやすい窓には、3層ガラスの樹脂サッシを使います。

暖房器具1台だけで、冬も家中あたたかくすごせます。近年、嬬恋村でも夏に冷房が必要な日も増えてきましたが、高断熱の家は冷房もよくきいて、電気などのエネルギーを節約できる大きなメリットがあります。

3層ガラスと樹脂サッシの窓
ガラスのあいだは空気か空気より熱をとおしにくいガスが入っている。

樹脂でできたわく。アルミなどの金属より熱をとおしにくい。

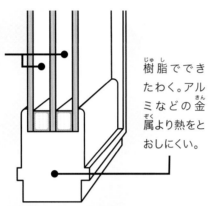

断熱材の入った壁
内側と外側に断熱材を入れる。

断熱材をまいた基礎
コンクリートの基礎にも断熱材をまく。

インタビュー

一年中快適で省エネになる住宅建築

有限会社古澤建築
代表
古澤謙一 さん

わたしがつくる高断熱の家は、北海道で生まれたQ1(キューワン)住宅とよばれるものです。家全体が魔法びんのような働きをし、寒さを防いで部屋はもちろんトイレや洗面、脱衣室も同じようにあたたかです。ヒートショック＊をおこす心配もありません。

家をたてたお客さまからは、「寒いから廊下と部屋のあいだのドアを閉めてと言う必要がなくなりました」と言われました。扉が必要なのは寝室やトイレ、風呂といったプライバシーが必要な空間だけです。

父が住宅建築をはじめた65年前とくらべて、寒さがきびしい嬬恋村でも本当に快適な家がたてられるようになりました。しかもたいへんに省エネルギーで、時代の先をいく家だと思います。

（2023年5月取材）

＊高齢者などがお風呂に入ったあと、寒い脱衣所で急に温度がさがるために、脳卒中などの病気を引きおこす現象。

嬬恋村の1年

▲ 三原桜並木 吾妻川沿いに約300本の桜が咲く名所。すずしい気候のため、咲くのは4月の下旬ごろになる。

キャベツづくりがはじまる春

きびしい寒さが去って、ようやく訪れる嬬恋村の春。桜やモモの花が咲く4月の下旬から5月にかけて、畑ではキャベツを植えつける農家の人の姿があります【➡P.24】。豊作や家内安全などをいのる獅子舞もおこなわれ、いそがしいけれど活気にあふれた毎日がはじまります。

▼ 苗の植えつけ 2月ごろから育てはじめたキャベツの苗を、4月下旬から順々に植えつけていく。

▲ 残雪の浅間山 雪がとけると、山の斜面にかけおりる馬のような雪の形「さかさ馬」が現れる。むかしはさかさ馬が現れるのを合図に苗を植えた。

▲ 獅子舞 群馬県は獅子舞がさかんで、4月下旬から5月はじめにかけて嬬恋村の各地で獅子舞がおこなわれる。

農作業でいそがしい夏

　すずしい夏の嬬恋村は、多くの観光客でにぎわいます。キャベツ畑では6月後半から収穫がはじまります【➡P.26】。1軒の農家が何か所もの畑で時期をずらしてキャベツを育てるので、7月は収穫や植え付け、畑の手入れも重なって、キャベツ農家はたいへんないそがしさになります。

▲ **キャベツの収穫**　暑さをさけてまだまっ暗な夜中の3時から午前10時ころまでに収穫をおこなう。朝ごはんは6時ごろ。

▲ **湯の丸高原のレンゲツツジ**　嬬恋村南西部の湯の丸高原では、6月にはツツジ祭りがおこなわれる。

▲ **嬬恋高原キャベツマラソン**　7月に全国から参加者を集めておこなわれ、嬬恋村の宣伝や活性化につながっている。

◀ **夏のキャンプ**　小学校では、村内でキャンプをおこなう。野外での夕食づくりは、いちばんの楽しみ。

インタビュー

夏のあいだは収穫の手伝いも

嬬恋村立
西部小学校5年生
黒岩優真 さん

　家はキャベツ農家で、おじいちゃんとお父さん、アルバイトの人でキャベツをつくっています。収穫の時期は夜中の2時とか3時に仕事をはじめるので、お父さんの顔もあまり見られません。本当にいそがしいときにはお母さんも仕事に加わり、ぼくもキャベツを入れる箱を組みたてて畑にもっていくなど、手伝いをしています。たいへんな仕事ですが、冬のあいだは休みをとって趣味や好きなことができるし、将来やってみてもいいかなぁ……。今はまだ考え中です。

（2023年5月取材）

▲ **本白根山方面の紅葉** 嬬恋村では、10月の中旬から美しい紅葉を見ることができる。

収穫を終えて文化に親しむ秋

キャベツの収穫がひと段落して10月に入り、浅間山や高原の木々が紅葉してくると少しずつ村は落ちつきをとりもどします。秋のいちばんのイベントは、11月3日の文化の日におこなわれる、嬬恋村文化祭です。農家の人たちのいそがしさもおさまった時期で、たくさんの人たちが参加して美術の作品展示や音楽の発表などが盛大におこなわれます。

▲ **「キャベツ畑の中心で妻に愛を叫ぶ」イベント** 「嬬恋」の地名にちなんで、秋のはじめにおこなわれている。

▲ **給食で食べる嬬恋の野菜** 学校の給食には嬬恋村産の野菜が使われる。収穫の秋にはキャベツのほか、種類も豊富。

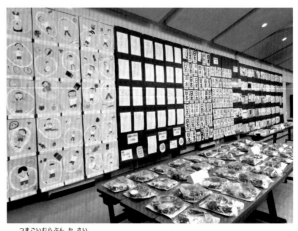

▲ **嬬恋村文化祭** 1952（昭和27）年からつづいている。村の人たちの作品の展示や音楽の発表がある。

冬はスキーやスケートの季節

嬬恋村の冬はときには気温がマイナス15℃になります。積雪は地区によってちがいますが、それほど深くはありません。村にもまわりにもスキー場がいくつもあってスキー客がたくさんやってきます。嬬恋村では、スケートやスキーがとてもさかんで、小学校でも授業でおこないます。特にスケートはオリンピック選手が何人も出ています。冬は農作業はお休みですが、2月にはハウスでの苗づくりがはやくもはじまります。

▶ **スケート教室** 嬬恋村の小学校では全学年、スケートの授業がある。子どもたちのなかにはスケート部に入る子もいる。

▲ **村民スキー大会** 子どもから大人まで参加しておこなわれる。村には4か所のスキー場があり、スキーを趣味にする人も多い。

▲ **カルタ大会** 群馬県では県の歴史や文化を題材にした「上毛かるた」の競技会がさかんだ。代表的な冬の遊びで、嬬恋村では独自に作った嬬恋かるたの大会をおこなっている。

インタビュー

スケート選手になって活躍するのが夢です

嬬恋村立東部小学校5年生
スケート部
黒岩新太さん（左）　**茂木楓馬**さん（右）

黒岩さん：新型コロナウィルス感染症の流行でスケートの授業がなかったので、4年の冬、はじめて補助なしですべりました。するとおもしろくて大好きになり、もっと上手になりたくて部に入りました。車みたいな速いスピードで、風をきってすべるのがものすごく気持ち

いいです。ぼくも茂木くんといっしょで、練習していいタイムを出せるようになって、選手としてがんばりたいです。

茂木さん：知り合いにオリンピック選手がいて、小さいころからスケートにあこがれていました。だんだんうまくなってタイムが速くなり、大会で成果を出せるのがうれしいです。マイナス15℃にもなるなかでの夜の練習はきついけれど、それもふくめて全部が楽しいです。もっと上手になって、中学校や高校はもちろん大学までスケート部で活躍することが目標です。

（2023年6月取材）

21

④高い土地の産業

高く平らな土地ではどんな産業がおこなわれているのでしょうか。夏でもすずしいという長所がどういかされているのか、見てみましょう。

高原野菜はどんな野菜?

▲**野辺山原のレタス畑** 野辺山原がある南牧村や隣の川上村は、レタスの大産地だ。

すずしい夏が強みになる

標高の低い土地とくらべて、一年中気温が低い高原では、すずしさをいかした葉もの野菜の栽培がおこなわれています。代表的なものは、標高の低い土地とは出荷時期がずれるように夏から秋にかけて出荷されるキャベツやレタスなどで、高原野菜とよばれています。

群馬県の嬬恋村ではキャベツを、長野県の野辺山原とその周辺ではレタスを大規模に生産していますが、キャベツもレタスも、平均気温が15〜20℃の場所でよく育つ野菜です。嬬恋村も野辺山原も6月〜9月の平均気温は15〜20℃で【➡P.11】、葉もの野菜の栽培にはたいへんに適して

います。気温が低くて育てやすいだけでなく、夏が暑いほかの産地では生産できないので競争相手が少なく、たくさん売りやすいという強みも高原野菜にはあります。

東京中央卸売市場でのとりあつかい量は、キャベツは嬬恋村の群馬県産、レタスは野辺山原やその周辺のものを中心とした長野県産が大きな割合を占めています。

夏には暑くなる茨城県や千葉県、静岡県、愛知県といった産地は秋から冬、春にかけて出荷し、リレーでバトンを渡すように群馬県や長野県に産地がうつっています。このようにいろいろな産地が時期をずらして生産しているおかげで、わたしたちは一年をとおしておいしいキャベツやレタスを食べることができるのです。

▲ **嬬恋村のキャベツ畑** 標高1400mまでのゆるやかな斜面に広がるキャベツ畑。標高の差が大きく、それによって気温がちがうので、より長期間栽培できる。

東京で販売されるキャベツの産地

◎東京中央卸売市場 産地別統計資料（2022年1月〜2022年12月）から作成

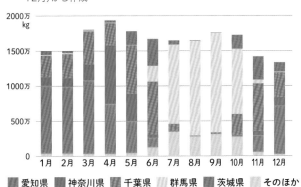

凡例：愛知県　神奈川県　千葉県　群馬県　茨城県　そのほか

東京で販売されるレタスの産地

◎東京中央卸売市場 産地別統計資料（2022年2月〜2022年12月）から作成

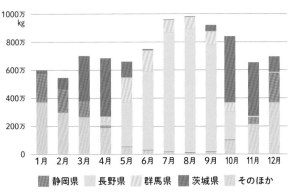

凡例：静岡県　長野県　群馬県　茨城県　そのほか

━━ コラム ━━

1日の気温差が大きいと野菜がおいしくなる

嬬恋村や野辺山原の気候【→P.11】は、夏の気温が低いだけでなく、昼にあがった気温が夜には大きくさがり、1日の最高気温と最低気温の差（日較差）が大きいという特徴があります。キャベツやレタスがぐんぐん成長する5月〜10月の日較差は、8〜11℃以上にもなります。

植物は昼間太陽の光をあびて栄養分（糖分）をつくりだしますが、夜気温がさがるとつくった栄養分をあまり使わずにすみ、体のなかにためこみやすくなります。嬬恋村のキャベツや野辺山原のレタスにあまみがあっておいしいのは、日較差の大きさ【→P.11】にも秘密があるのです。

これがわたしのおいしさのヒミツ！

嬬恋村のキャベツはどう育つ？

苗づくりから栽培をスタート

嬬恋村では445軒の農家のうち、307軒がキャベツをJA（農業協同組合）嬬恋村に出荷しています。農家の栽培面積の平均は9ha。ほかの産地にくらべて大きいのが特徴です。

キャベツづくりは2月中旬からはじまります。まず苗専用の畑に種をまいて苗を育てます。寒さがきびしい嬬恋村では5月に入るころまで霜がおりるので、それまでは標高が低く気温が高い同じ群馬県の安中市や渋川市などに畑を借りて、車で通います。

最近は小さな容器をならべて連結したセルトレイに種をまいてビニールハウスで育てる、セル苗という方法をとる農家も増えてきました。少ない面積で多くの苗を育てることができ、植えつけ（定植）の手間も少なくてすみますが、ビニールハウスをたてるのにたいへんな費用がかかります。

嬬恋村におけるキャベツ畑の分布

● キャベツ栽培地

四阿山（あずまやさん）
JR吾妻線（あがつま）
大前駅（おおまえ）
国道144号線
浅間山（あさまやま）

▲ **ハウスで育てるセル苗** 小さな容器がぎっしり並んだセルトレイに土を入れ、種を植える。じょうぶな苗を育てるには、ビニールハウス内の温度や水やりをしっかり管理する必要がある。

▲ **苗の植えつけ（定植）** 野菜移植機という農業機械を使って、うねに苗を1本ずつ植えていく。

▲ **病害虫防除** 害虫や病気を防ぐために、ブームスプレイヤーという農業機械で薬をまく。ブーム（腕）は15mもある。

栽培スケジュールのくふう

苗を育てるあいだに苗を定植するための畑をトラクターで耕して肥料を土に入れ、筋状に土をもりあげてうねをつくります。苗の本葉が4〜5枚になったら、うねに定植します。そのあとも追加の肥料をあたえたり、病気や害虫を防除するために農薬をまいたり、手入れはかかせません。やがてキャベツの葉がまきはじめ、どんどん内側から葉が出て玉のような形になります。これを結球といいます。

種まきから定植まで50日ほど、定植から収穫までは2か月ほどかかります。農家は7月〜10月ごろまでつづけて収穫できるように、畑を区画にわけて時期をずらして順々に栽培していきます。種まきや定植は何日間かに1回まとめておこないますが、収穫は毎日おこないます。

▎嬬恋村の農家の キャベツ栽培スケジュールの一例

	2月	3月	4月	5月	6月	7月	8月	9月
			種まき	定植		収穫		
農地の区画①	○	苗づくり・畑のせいび・うねづくり → ○		農薬散布・除草・肥料やり ↔				
農地の区画②	○			↔				
農地の区画③		○	○		↔			
農地の区画④		○	○		↔			
農地の区画⑤		○		○		↔		
農地の区画⑥			○	○		↔		
農地の区画⑦		○		○			↔	
農地の区画⑧			○	○			↔	

インタビュー

土は財産
たいせつに守り伝えたい

高冷地野菜研究センター
センター長
鹿沼信行 さん

高冷地野菜研究センターは、キャベツの病気を防いだり、安定生産のための技術開発などがおもな仕事ですが、いまは土を守る研究に力をいれています。嬬恋村の畑は黒ボク土とよばれる黒い土でおおわれています。この黒い土はおもに火山灰からできていて※、栄養分をたくさんたくわえることができ、水はけの程度もキャベツに適しています。

畑の多くは斜面にあるので、たいせつな黒土が台風などの大雨で流され、その下の茶色い土がむきだしになるところもでてきました。嬬恋村役場ではJAと力を合わせ、斜面の下側の畑のへりに牧草を植えてグリーンベルトをつくる、収穫したあと畑の土をむきだしにしておかずに深く根をはる麦類を植えるなど、土の流出を防ぐ対策をすすめています。

嬬恋村の土は、計算すると1㎝の厚さになるまで約70年かかっています。黒土は、長い年月をかけてできた嬬恋村のかけがえのない財産。たいせつに守って、次の世代に残さなければなりません。

（2023年6月取材）

※ほかには、動植物の遺体が微生物により細かく分解された、腐植とよばれる物質が加わる。

キャベツの100日戦争

毎日1000個以上のキャベツを切る

7月に入ると、嬬恋村のキャベツ農家は収穫作業でたいへんないそがしさになります。キャベツの収穫はいまでも手作業でおこなっています。大きく開いた外葉を何枚か残し、キャベツの玉をぐいっと押したおして芯を包丁で切ります。そして大きさに合わせて箱に6個か8個、10個などの単位でつめていきます。

力もいりますし、中腰でおこなうので収穫はたいへんな重労働です。ひとりで

1日に8個入りの箱で150〜160箱ぐらい、多いときは300箱以上キャベツを切ることもあるそうです。収穫は毎日つづくので、1日に予定している分を残すことなく、必ずとりおえなければなりません。

▼ **キャベツの切りとり** じょうずな人でも1日200箱といわれるが、なかには300箱分のキャベツを切る人もいる。

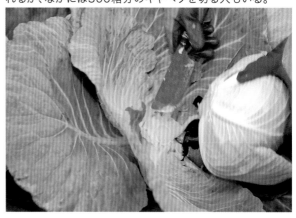

▼ **作業しやすくするくふう** 切ったキャベツはさかさまに葉の上に並べる。キャベツがよごれず、ひとめで大きさがわかる。

これはたいへんな作業だね！

夜中からはじめる収穫作業

日中は暑いので、作業は夜中から午前中にかけておこないます。農家の人たちは午前3時ごろから畑へ出て、頭にヘッドランプをつけて作業にはげみます。なかには夜中の12時から作業する農家もあるそうです。

たくさんの区画で時期をずらして栽培しているため、つぎつぎと収穫していきます。市場の休みに合わせて収穫と出荷には休みもありますが、農薬散布や草とりなどの作業もあり、7月は植えつけも重なります。7月〜9月までの3か月間キャベツ農家は目がまわるようないそがしさで、嬬恋村ではこれを「キャベツの100日戦争」とよんでいます。

家族だけでは手が足りない農家では、いそがしい時期にアルバイトの人に来てもらいますが、最近は人手不足で、どうやって人を確保するかが大きな課題です。

◀ **クマの食害**
嬬恋村周辺にすむクマやシカ、ニホンカモシカは、大きく育ってあまみを増したキャベツが大好物。嬬恋村では農地全体を高い柵でかこい、さらに区画ごとに電気柵でかこって野生動物の食害を防いでいる。

✏ 収穫でいちばんいそがしい 7月の農家の1日（尾崎直登さんの場合）

3:30	起床
4:20〜	準備をして畑へ出かける 収穫作業
10:30〜	翌日の出荷のための箱づくり
11:30〜	休憩（食事など）
13:30〜	午後の作業開始 畑づくり、定植、除草など（分担して同時に作業）
17:00	作業終了
21:00	就寝

インタビュー

 おいしいキャベツを消費者に届けることにやりがいを感じています

キャベツ農家
尾崎直登 さん

祖父の代からキャベツを栽培してわたしで3代目です。キャベツ栽培という家の仕事に可能性を感じて、高校を卒業してすぐキャベツ農家になりました。いま37歳ですので農家の経験は19年。これからも産地としての発展をめざして、がんばりたいと思っています。

畑は15haあり、両親とわたし、従業員など4名の合計7名で働いています。収穫がはじまる7月から草とりや害虫や病気の防除はもちろん、畑づくりや苗の植えつけをおこなう畑もあり、8月なかばまで本当にいそがしいので、無理はせずに休める時間はしっかり休むよう心がけています。

農業は天候に左右される仕事で、キャベツのできぐあいが毎年一定でないなど苦労はいろいろあります。でも、やりかたや計画を自分で決められるのは大きな魅力です。いまはおいしいキャベツをつくって品質の良い状態で消費者に届けることに、やりがいを感じています。

（2023年8月取材）

収穫したキャベツはどこへ行く？

集荷場にキャベツを運ぶトラック
収穫したキャベツは畑で箱詰めし、畑のそばにある集荷場に運ぶ。

予冷庫でおいしさをたもつ

　畑で箱詰めしたキャベツは、農家の人がトラクターにつんで、キャベツ畑のなかに197か所ある集荷場にどんどん運んでいきます。ここから村のなかに7か所あるJAの予冷庫へ、運送会社のトラックが運びます。

　予冷庫とは、収穫した野菜やくだものをすばやく冷やす装置のことです。収穫したてのみずみずしいおいしさは、時間がたつにつれて低下していきます。とくに夏の暑さのなかではどんどん失われていくので、おいしさをたもつために一気に冷やすのです。

▲ 集荷場　集荷場に集められた、箱詰めにしたキャベツ。ある程度たまると予冷庫に運ばれる。

▲ 予冷庫　庫内を真空にして急速に冷やすことができる予冷装置に入れる。約30〜40分で冷やすことができる。

翌日にはわたしたちの食卓へ

キャベツは全国の市場などからの注文にあわせ、その日のうちに出荷する当日分と、翌日まで冷やして出荷するものにわかれます。当日分は関東周辺の市場にその日のうちに入り、次の日の朝にはスーパーマーケットや青果店に渡されて、店頭に並びます。

市場までは冷たさをたもつことができる保冷トラックで運びます。また市場でも低い温度のもとで野菜をとりあつかえる施設の整備がすすんでいます。市場から店への運送にも低温をたもつトラックが使われることが多く、嬬恋村から140kmほどはなれた東京の消費者も、嬬恋村のキャベツを新鮮なおいしさのままで味わうことができるのです。

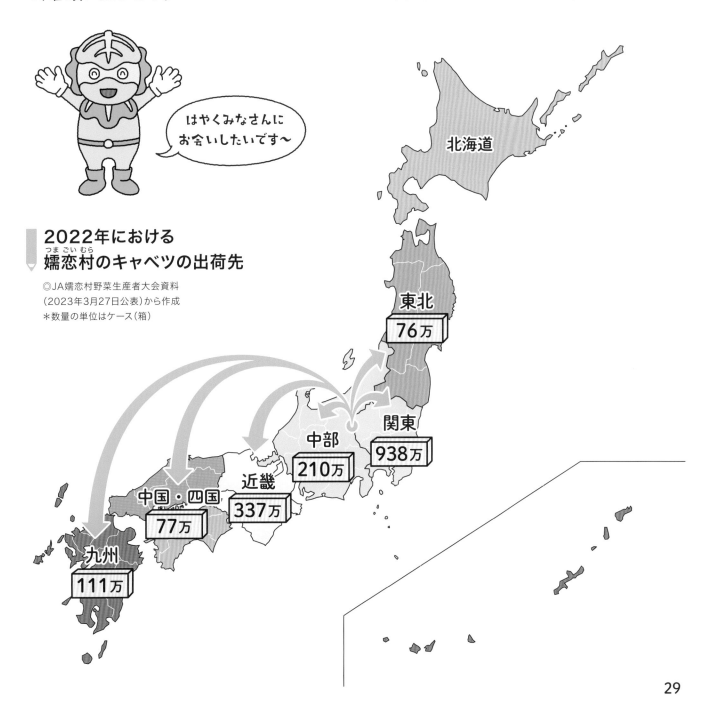

はやくみなさんにお会いしたいです〜

2022年における嬬恋村のキャベツの出荷先

◎JA嬬恋村野菜生産者大会資料
（2023年3月27日公表）から作成
＊数量の単位はケース（箱）

北海道

東北 76万

関東 938万

中部 210万

近畿 337万

中国・四国 77万

九州 111万

酪農もさかんな野辺山原

▲ 1日4回のえさやり　1頭に1日当たりデントコーン（牛の飼料用トウモロコシ）20kg、牧草10kg、飼料9kgを4回にわけてあたえる。

暑さや湿気に弱い乳牛

　野辺山原をはじめとする八ヶ岳の東の高原では、高原野菜の生産がさかんです。キャベツもつくっていますが、多いのはレタスとハクサイです。特にレタスづくりがさかんで、夏場にはこれらの地域で生産されたレタスが国内の市場で大きな割合を占めます。

　もうひとつの重要な産業に酪農があります。酪農とは牛を飼って生乳（牛からしぼったままの状態の乳）をつくる、畜産農業のことです。牛は暑さや湿気に弱く、とくにお乳をたくさん出す乳牛の代表品種、ホルスタイン種は暑いのが苦手です。夏がすずしい場所で飼えば、乳牛が夏

バテする心配が少なくてすむため、酪農は高原や北海道などで多くおこなわれています。高原野菜のふるさとは酪農にも適した土地です。群馬県の嬬恋村にもキャベツ畑だけでなく牧場がいくつもあり、生乳が生産されています。

　八ヶ岳の東山麓にあるJA長野八ヶ岳には、3つの町村の32の牧場が加入しています。うち27は野辺山原がある南牧村が占めます。2020（令和2）年、2021（令和3）年の年間の生乳生産量は約2万tで、2022（令和4）年は1万9300tと少し減りました＊が、長野県内の生乳の4分の1におよぶ量を生産しています。

＊長野八ヶ岳農業協同組合発表「年間乳量生産別実績」（各年分を翌年1月中旬に公表）を集計。

◀ ホルスタイン種
乳牛の代表品種。乳量がもっとも多く、年間1頭で8000kg以上の乳を出し、1万kgをこえる牛もめずらしくない。乳脂肪率は3.6％で、さっぱりした味わい。

さっぱりか、濃厚か。迷うなぁ～

🖊 野辺山原（南牧村）の乳牛の数

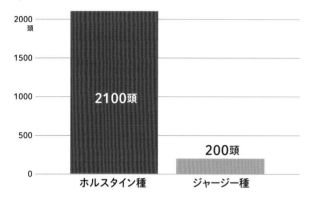

	ホルスタイン種	ジャージー種
頭数	2100頭	200頭

▲ ジャージー種　乳脂肪率は5％ほどあり、ホルスタインとくらべて濃い味わいが特徴。1頭の乳量は年間5500kgほど。

━━[コラム]━━

酪農家と野菜農家の関係

　酪農家と野菜農家のあいだには、助け合う関係があります。酪農ではたくさんの牛ふんが出ますが、この牛ふんが野菜づくりに役立つのです。牛ふんを6か月以上かけて完全に発酵させることで堆肥ができます。牛ふん堆肥には土の状態をよくする土壌改良の効果があり、土にまぜると土が水分をほどよくたもつようになって肥料成分も土から失われにくくなります。

　また、同じ場所で同じ野菜をつくりつづけると、連作障害といって作物がうまく育たなくなったり病気にかかりやすくなったりします。そこである年は野菜農家がハクサイを、次の年はレタスをつくり、その次の年は酪農家がデントコーン（牛の飼料用トウモロコシ）をつくるといったサイクルをくりかえして連作障害を防ぎます。

　こうして限られた土地を上手にいかし、おたがいに利点を得ることができるのです。

▼ 牛ふん堆肥　二ツ山牧場【→P.32】の堆肥。においはほとんどなく、土に似ている。堆肥庫は学校の体育館ほどの大きさがある。

牛を育てて乳をしぼる　酪農の仕事とは

毎日の仕事、そのほかの仕事

　朝6時半。野辺山原にある二ツ山牧場の牛舎では、搾乳（乳しぼり）がはじまっていました。レールからさがっている搾乳器を牛の乳首にとりつけると、自動的に乳をしぼり、チューブをとおしてタンクへと送ります。搾乳は夕方5時からもおこないます。1日2回しぼらないと、牛の乳房が炎症をおこすので、1回も休むことはできません。

　酪農の仕事は、搾乳、えさやり、牛舎の掃除といった毎日の作業だけではありません。牛が乳を出すのは、出産したあとの10か月間ほどなので、乳を得るためには出産させなければなりません。生まれた赤ちゃん牛のメスは一部を牧場に残して乳牛として育て、ほかは食用の牛を育てる農家に出荷します。

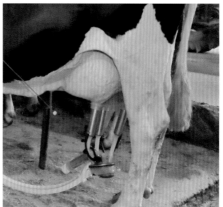

◀ **牛の乳しぼり** 二ツ山牧場の搾乳牛は約100頭。むかしは手でしぼっていたが、いまは機械で自動的に搾乳する。

▲ **育成中の子牛たち** 左のはしはジャージー種、それ以外は乳牛の代表品種、ホルスタイン種。

▶ **えさの牧草** 牧草はビニールでパッキングして発酵させ、栄養価を高くする。

◀ **デントコーンの畑に立つ酪農家** 1946（昭和21）年に野辺山原の開拓に入った祖父から数えて3代目牧場主の吉澤さん。デントコーンは育つと人の背丈より大きくなる。

▼ **デントコーンから作った飼料** 乾燥させてから葉や茎ごとこまかくし、ビニールでおおって、発酵させてつくる。

牛の飼料を自前でつくる

牛のえさはおもに牧草と穀物です。濃厚飼料とよぶ、いろいろな穀物をまぜた輸入飼料を使う農家が多いのですが、二ツ山牧場ではできるだけ自前のえさでまかなっています。

牧草は65ha、デントコーン（飼料用トウモロコシ）は25ha、栽培しています。牧草は、6月、8月、10月の3回収穫し、干してビニールでパッキングしておき、これを一年中使います。デントコーンも発酵させてたくわえています。

濃厚飼料を多くするとたくさん乳をしぼれますが、牛の体にふたんがかかります。牧場主の吉澤克次さんは、「牛に無理をさせない飼いかたを心がけています。輸入濃厚飼料の価格があがって経営がきびしい酪農家が増えるなかでがんばっていられるのは、自前の飼料を使う無理のない経営方針のおかげが大きいです」と話していました。

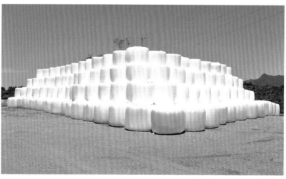

▲ **牧草ロール** ビニールでパッキングして保管している牧草。

▲ **牧草づくりに使うトラクター** 草を刈る、刈った草をロールにするなど、役割によって後ろについている機械が異なる。

おいしい牛乳ができるまで

▲ タンクに生乳をつめているミルククーラー車 二ツ山牧場から生乳を回収して乳製品製造会社の工場に運ぶ。

生産地がつくった牛乳工場

　搾乳した生乳は、牧場にあるバルククーラーという装置で一気に冷やして4.8℃にたもちます。二ツ山牧場には毎日12時に生乳を集めるミルククーラー車がやってきます。運ぶ先はヤツレンという乳製品製造会社の工場です。

　ヤツレンは八ヶ岳の東の山麓の5つの農協が1971（昭和46）年に連合会を設立したことにはじまる会社です。当時、この地で生産した生乳は原材料として売られ、よその土地に運ばれて、乳製品になっていました。

　自分たちで製品にすることができれば、消費者に「八ヶ岳野辺山高原の牛乳」として知ってもらうことができますし、農家の利益を増やして酪農をさかんにすることもできます。そこで1975（昭和50）年に自前の牛乳工場をつくったのです。生産地の工場なので、どの牧場からも30分以内で新鮮な生乳がとどきます。

　ヤツレンの2022（令和4）年の実績では、年間で約3万トンの生乳を受け入れ、うち90％が牛乳、10％がヨーグルトに使用されています。また、生産する製品のうち20％は地元長野県、10％は東海地方、残り70％はおもに関東地方へ出荷されています。

生乳が牛乳になるまでの工程

集乳
毎日1回、酪農家からミルククーラー車で生乳を集める。

受け入れ
検査をおこなって合格したものだけ受け入れる。

清浄化
遠心分離機で牛乳の成分はそのままにホコリだけをとりのぞく。

冷却・貯乳
瞬間的に温度をさげて5℃以下で貯蔵する。

加熱殺菌
特別なしくみで瞬間的に高温加熱と冷却をおこなう。

均質化
ホモゲナイザーという機械で乳脂肪などをこまかくする。

▲ 低温をたもてる工場の貯乳タンク。

▲ 工場は自動だがしっかりしたチェックはかかせない。

充填・検査
殺菌した牛乳はつぎつぎとパックに詰められ、検査ののち冷蔵車で出荷される。

▼ **生乳からつくられる製品** 製品の数は牛乳が20種、ハードヨーグルトが20種、ヨーグルトドリンクが3種ある。写真は地元の生乳でつくる代表的な製品。

▲ 箱は自動でくみたてられ、牛乳が入ると密封される。

きびしい管理体制でおいしい乳製品ができているんだね！

35

軽井沢はなぜ避暑地になった？

▲ 軽井沢駅周辺 中央に見えるのが北陸新幹線としなの鉄道の軽井沢駅。左の方向に旧軽井沢地区がある。

外国人宣教師が発見した

高い土地は、夏の暑さをさけて滞在する避暑地として発展した場所が少なくありません。なかでも長野県の軽井沢町は、日本を代表する避暑地、別荘地です。嬬恋村は浅間山の北のふもとに広がりますが、軽井沢町は東南のふもとに位置していて、別荘地の標高は1000mほどです。

いちばんはじめに軽井沢に別荘をたてたのは、カナダ出身の宣教師であるアレキサンダー・クロフト・ショーでした。1885（明治18）年に旅行で訪れたとされ、夏のすずしさだけでなく、軽井沢の草原のむこうに浅間山がそびえる風景が気に入って、1888（明治21）年には簡素な別荘をたてました。

▲ 軽井沢ショー記念礼拝堂とその前に立つショーの胸像
礼拝堂は1895（明治28）年ごろに軽井沢最初の教会としてたてられ、増改築していまの形になった。

浅間山のふもとにある軽井沢町

別荘地としての発展

ショーは毎年夏をここですごし、軽井沢のよさをまわりに話したので、旅館に滞在したり別荘をもったりする西洋の人たちが増えていきました。軽井沢の人たちもホテルや貸別荘をはじめました。教会の関係者が中心だった最初のころは、別荘の多くは質素なものでした。

群馬県側にある横川駅と軽井沢駅のあいだの区間が未完成だった鉄道も、1893（明治26）年には全線開通*しました。東京から来るのが便利になり、日本人の政治家や実業家も別荘をたてるようになります。そして1910年代になると、実業家や大手の企業が別荘地の開発をつぎつぎにおこなったので、日本人の別荘がしだいに増えていきました。

*1997（平成9）年現在の北陸新幹線が長野まで開通したことによって、横川駅〜軽井沢駅間は廃線になった。

避暑地・軽井沢のあゆみ

江戸時代	中山道の宿場町として栄えた。
1872年（明治5年）	宿場制度がなくなり、だんだんとさびれた。
1870〜1880年代	大規模な開拓が何か所もおこなわれ、牧場や農場ができる。
1885年（明治18年）	ショーが知人とともにはじめて訪れたとされる。
1888年（明治21年）	ショーが別荘をたてる。
	軽井沢をとおって東京と長野方面を結ぶ鉄道が全線開通。
1893年（明治26年）	軽井沢町で最初の日本人にむけた別荘ができる。西洋の人にたのまれて、軽井沢の農家が日本ではじめてキャベツをつくった。
1894年（明治27年）	亀屋旅館が改築して万平ホテルとなる。
1906年（明治39）	西洋式の三笠ホテルが開業。
1910年（明治43年）	当時の総理大臣、桂太郎が別荘をたてる。
1910〜1920年代	別荘地の開発、分譲がつぎつぎとおこなわれる。
1945年（昭和20年）	太平洋戦争が終わる。
1972年（昭和47年）	軽井沢自然保護対策要綱がつくられる。
1993年（平成5年）	上信越自動車道開通。
1997年（平成9年）	北陸新幹線、東京〜軽井沢〜長野間開業。

▼ **大正時代の軽井沢** 1913（大正2）年の旧軽井沢本通り（旧軽井沢銀座通り）。写真を撮影した土屋写真店によれば、このころ別荘は200戸ほどで、そのうち外国人別荘が3分の2ほどを占めていたという。旧軽井沢とは、むかしからの軽井沢の中心地で江戸時代は宿場として栄えた地域のこと。

高原に訪れる多くの観光客

受けつがれる別荘地の風景

　太平洋戦争で一時さびれた軽井沢でしたが、戦後しだいに生活が豊かになり、1960年代には別荘地の開発がすすんでゴルフ場やテニスコート、スケートリンクなどのスポーツ施設や学校の寮やセミナーハウス、美術館などがつぎつぎとつくられました。観光客はどんどん増え、いまでは雑貨店やみやげもの店、食品店などがひしめく旧軽井沢本通りは休日には人でいっぱいになります。

　しかし軽井沢町には1972（昭和47）年に制定された「軽井沢自然保護対策要綱」という別荘をたてるときの決まりがあります。おかげで緑が豊かで塀はなく、広い土地に余裕をもって家がたつむかしながらの別荘地の風景が守られています。道には人があふれても、木立の奥の別荘はしずかで、今も軽井沢に別荘をもとうとする人はあとをたちません。

▲ **ゴルフ場から見る浅間山** 明治初期は軽井沢に樹木はほとんどなく、このようにどこからでも浅間山が見えていたという。

▲ **2023年の旧軽井沢本通り** コロナ禍もひと段落して、観光客ももどってきた。

■ 軽井沢町にある別荘・寮の軒数の推移

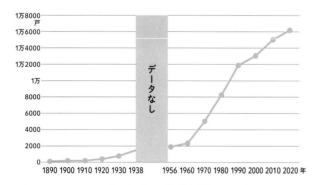

◎1939〜1955年のデータはない。「保健休養地130周年記念誌軽井沢町町勢要覧2016」（2016年11月公表）と「令和5年度軽井沢町の統計」（2023年6月発行）から作成。

■ 軽井沢町を訪れる観光客数の推移

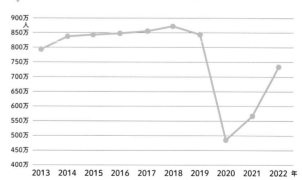

◎「令和5年度軽井沢町の統計」（2023年6月公表）から作成。

開拓の地、清里とポール・ラッシュ博士

山梨県の北杜市にある清里は野辺山原の西、八ヶ岳の南のすそのにあります。いまは観光地として有名ですが、昭和のはじめまで村はあっても一面の荒れ地が広がる土地でした。

1938（昭和13）年にダム建設による立ちのきで山梨県の丹波山村の人たちがうつり住み、太平洋戦争後も開拓者がたくさんやってきました。同じころから清里でさまざまなとりくみをおこない、「清里の父」といわれたのが、ポール・ラッシュ博士です。

1938（昭和13）年、清里にキリスト教の青年たちの研修施設である清泉寮をつくりました。戦後は農村の生活をよりよくし、キリスト教にもとづく民主主義を根づかせるため、キープ協会を設立。高冷地実験農場や病院、保育園、図書館や農業学校などをつくるなど、苦労を重ねる開拓者たちによりそい、農村のために力をつくしました。清里が観光地になった今も、キープ協会と清泉寮は清里のシンボルでありつづけています。

▶ ポール・ラッシュ博士 アメリカ出身。キリスト教組織から派遣されて、1925年に初来日。多くの社会事業をおこなった。

◀ 創立当初の初代清泉寮 1938（昭和13）年にたてられたキリスト教の青年たちの研修施設。1955（昭和30）年に火事で焼けて、現在のたてものは1957年にたてなおされたもの。

いまでは高原野菜や酪農の里として知られるようになった嬬恋村と野辺山原。そのかげには、多くの人たちの努力やさまざまなとりくみがありました。いまへのあゆみを見てみましょう。

嬬恋村の高原野菜はどのようにはじまった?

1939年のキャベツの収穫 1939（昭和14）年、田代のようす。太平洋戦争前は10戸をひと組としてグループで栽培していた。収穫や出荷も共同でおこなった。

キャベツづくりの第一歩

嬬恋村は米づくりがむずかしい火山灰の土壌で、1920年代の昭和時代に入るころまで農業はふるいませんでした。人々は炭焼きなどの山仕事や養蚕で収入を得ていました。

キャベツ栽培への道をひらいたのは、1928（昭和3）年に村長になった戸部彪平です。村の農業をなんとかしたいと1932（昭和7）年に農業を指導する技術者を招きました。技術者が栽培をすめたのが、高冷な気候にあったジャガイモ、ハクサイ、そしてキャベツだったのです。同じころ、村の7人の青年たちも、当時キャベツ栽培の先進地だった岩手県沼宮内町（現在の岩手町）に研修に行き、帰郷後にキャベツ栽培をはじめました。

出荷への道をひらく

　当時、鳥居峠をはさんで嬬恋村と隣り合う長野県の長村（現在の上田市真田町長・菅平高原）では、ひとあしはやく高原野菜（おもにハクサイ）の栽培を開始し、成功をおさめていました。長村と国鉄の駅がある長野県の上田とのあいだには車道が整備されていたので、トラックと鉄道を使って関西方面へ長野県の高原野菜を出荷するしくみができあがっていました。

　また、上田には、嬬恋村の田代地区が高原野菜づくりにむいていることに目をつけた商人がいました。野菜の卸商をしていた青木彦治です。青木は田代地区の野菜の買いとりを約束して農家に種や農業資材を貸しつけ、生産をあとおししました。

　さらに戸部村長が強く群馬県に働きかけて、長野県の菅平とのあいだの鳥居峠の県道（現在の国道144号線）の大改修がおこなわれました。1935（昭和10）年に県道が完成してトラックによる輸送が本格化し、嬬恋のキャベツやハクサイが遠く名古屋や京阪神にまで運ばれ、高い評価を受けるようになりました。

◢ 嬬恋村の高原野菜出荷までのあゆみ

1928年 （昭和3年）	戸部彪平、村長になる。
1932年〜 （昭和7年〜）	戸部村長、駐在員として農業技術者、塚田國一郎を招く。 7名が岩手県沼宮内町に研修に行く。 群馬県が鳥居峠までの県道の大改修をおこなう。
1935年 （昭和10年）	関西市場に嬬恋村のキャベツが初出荷。

▲ 1943（昭和18）年の出荷のようす　県道脇にもうけた集荷場から、茅の俵に入れたキャベツを役所のトラックで運んだ。

コラム

日本における キャベツの普及

　キャベツが最初に日本にやってきたのは、1700年代の初期。オランダから入ってきたのでオランダ菜ともよばれました。しかし見て楽しむ観賞用で、食べることはありませんでした。

　食用キャベツの栽培は、1893（明治26）年、軽井沢に避暑に来た外国人に農家がたのまれてつくったのがはじまりといわれています。いい値段で売れたこともあって、食事の洋風化とともに栽培も広がっていきました。昭和10年代にキャベツの先進地だった岩手県沼宮内町【→P.40】では、南部甘藍（甘藍とはキャベツのこと）という岩手でつくった品種を栽培し、東京や大阪、遠く九州にも出荷していたそうです。

　なお、日本ではつけもの以外の葉もの野菜を生で食べる習慣はありませんでした。しかし1904〜1905（明治37〜38）年ごろ東京の洋食店がポークカツレツ（トンカツの原型）に千切りキャベツをそえたことから、トンカツとともにキャベツの生食が広まっていきました。

日本一の産地への道のり

▲ 現在の嬬恋村の農地 なだらかな傾斜地に、整然と区画整理された農地が広がる。高いところでは農地の標高は1400mにまでおよぶ。

大規模開拓と鉄道の利用

　太平洋戦争で落ちこんだ高原野菜の栽培は、1945（昭和20）年に太平洋戦争が終わると大きく動きはじめます。政府は食料を増産すると同時に兵役をはなれた人や海外から帰ってきた人、農家の次男や三男の職をつくりだすため、大規模に農地の開拓事業をおこないました。嬬恋村でも9か所の開拓地で、山林や荒地が切りひらかれ、農地が大きく広がっていきました。

　さらに、1945（昭和20）年に群馬県の渋川駅と長野原駅（現在の長野原草津口駅）を結んだ国鉄長野原線（現在のJR吾妻線）が開通したため、首都圏に野菜の出荷がしやすくなりました。戦後しばらくはハクサイの栽培もさかんでしたが、次第にキャベツを専門につくる農家が増え、1966（昭和41）年には夏秋キャベツの野菜特産地域に指定されます。

嬬恋村の農地開発のあゆみ

1947年 （昭和22年）	緊急開拓事業（9区で開拓）。
1970年 （昭和45年）	国営パイロット事業（570ha）開始。
1971年 （昭和46年）	県営パイロット事業（293ha）開始。
1989年 （平成元年）	国営嬬恋開拓建設事業（404ha）開始。

42

▲ 苗の手植え 1969（昭和44）年撮影。腰をかがめたままでおこなう、たいへんな作業だった。今はプランター（苗を植える農業機械）を使うので作業は楽になっている。

近代的な農地の誕生

いっぽうでキャベツだけをつくるには問題がありました。キャベツを同じ畑でつづけてつくると連作障害【→P.31】がおこるのです。これをさけるには何年かに一度ほかの作物を栽培する輪作をおこなう必要があります。そこで、ほかの作物を栽培しているときにキャベツを栽培するための畑として、国有地を払いさげてもらえないかと国に働きかけ、1970（昭和45）年から農地を整備する国営パイロット事業＊がはじまりました。この事業によって農地だけでなく、道路や集荷場、出荷場が整備され、大型の機械を使うことができる近代的な営農地ができました。1971（昭和46）年には県による事業、1989（平成元）年からはまた国による事業がおこなわれ、現在のような嬬恋村ができあがったのです。

＊試験的に国などが支援をおこなう事業

記録映像に見る キャベツ栽培の移り変わり

1956年

▲ 1956（昭和31）年制作、映画『嬬恋』より
まだ運搬には馬も使っていた。

▲ 1956（昭和31）年制作、映画『嬬恋』より
冷蔵はせずにそのままトラックにのせて出荷する。

1980年

▲ 1980（昭和55）年の記録映像
高冷地野菜研究センターの敷地でおこなわれた、トラクター競技会。トラクターはかなり小さい。

1992年

▲ 1992（平成4）年の記録映像
ブームスプレイヤー【→P.24】が登場している。サイズは少し小さめだが、形はいまとほとんど変わらない。

野辺山原 高原野菜と酪農の里へのあゆみ

当時の開拓者のおかげで、いまの野辺山原があるんだね。

◀ 入植当初の開拓のようす
太平洋戦争後の開拓作業ではいまのような機械はなく、馬や牛の力を借りて人力でおこなう、たいへんな重労働だった。

太平洋戦争後にすすんだ開拓事業

　夏でも気温が低い野辺山原では、明治時代以降も農作物といえばアワやソバなどの雑穀類とダイコンのみという時代が長くつづきました。農家は馬を飼い、荷物運びに利用したり子馬を売って現金収入を得たりしていました。酪農や野菜生産もためされましたが、うまくいきませんでした。昭和10年代にはハクサイの生産と鉄道による出荷に成功したものの、太平洋戦争によりできなくなりました。

　1945（昭和20）年に太平洋戦争が終わると、野辺山原に170世帯をこえる開拓者が入りました。きびしい冬の寒さにより数年で70％以上の世帯が野辺山原から去りましたが、残った開拓者たちは懸命に畑を広げました。最初のころ、いちばんつくられていたのはダイコンで、たくあん漬けに加工して出荷していました。

　アメリカ軍むけにつくりはじめたレタスが、日本人にも好まれるようになり、1950年代なかばから生産が増えていきます。1963（昭和38）年にダイコンの病気がはやって生産がむずかしくなり、1965（昭和40）年以降はハクサイとレタス、キャベツが生産の主流になっていきました。

野菜生産と酪農とのかかわり

野辺山原の酪農は1953（昭和28）年に14頭のジャージー種の牛を導入したことにはじまります。冬は寒くて作物を育てることができない野辺山原では、農家が酪農でも収入を得ること、牛ふんから土にまぜるための堆肥【→P.31】をつくることを目的に酪農がすすめられたのです。その後おもに乳量の多いホルスタイン種の牛を何頭か飼うやりかたが農家に定着しました。しかし高原野菜の生産が成功し、乳牛はたくさんの頭数を飼わないと利益が出にくいことなどから、次第に農家は高原野菜の生産か、酪農のどちらかだけをおこなうようになりました。こうして野辺山原に現在のような高原野菜と酪農の里がかたちづくられたのです。

▲ **馬車や牛車が交通手段** 馬だけでなく牛も人やものを運ぶのに使った。撮影時期は不明。

▲ **牧場の発展** 1960年代はじめごろの写真。右はしの人物は二ツ山牧場【→P.32】の吉澤克次さんの祖父、吉澤文次さん。1946年に野辺山原に入植し、1953年からジャージー種の牛で酪農をはじめ、1955年にホルスタイン種を導入した。

野辺山原の開拓のあゆみ

年	できごと
1886年（明治19年）	南牧村に馬市ができる。
1889年（明治22年）	5つの町村が合併して南牧村ができる。
1934年（昭和9年）	野辺山原でハクサイの試験栽培に成功。1935年から関西に出荷。
1935年（昭和10年）	小諸～小淵沢をはしる国鉄小海線が全線開通。
1945年（昭和20年）	太平洋戦争が終わる。
1946年（昭和21年）	野辺山原への新規の入植がはじまる。
1948年（昭和23年）	ダイコンの生産が爆発的に増える。
1953年（昭和28年）	振興対策事業で耕地のとりまとめや農道整備などがおこなわれる。ニュージーランドからジャージー種の牛14頭を導入。
1965年（昭和40年）以降	ダイコンの栽培は少なくなり、ハクサイ・レタス・キャベツがおもな生産物となる。

コラム

馬の名産地だった野辺山原

自動車や鉄道が発達する以前、馬は人の移動や荷物運搬に欠かせないたいせつな生きものでした。広い八ヶ岳のすそのは馬を育てるのに適した場所で、江戸時代から馬の生産がおこなわれました。明治時代のなかごろからは、馬の市が開かれるようになり、1910年代（明治時代の終わりから大正時代前半）には毎年900頭あまりの子馬がとりひきされました。

調べてみよう・訪ねてみよう

嬬恋村、野辺山原、軽井沢に行ったら訪ねてみよう。高原のことがいろいろわかるよ。

嬬恋郷土資料館

嬬恋村開拓や浅間山噴火の歴史が学べる。

国立天文台　野辺山宇宙電波観測所

世界最大級の45m電波望遠鏡などが見学ができる。

南牧村美術民俗資料館

野辺山原のある南牧村の歴史や民俗が学べる。

軽井沢町歴史民俗資料館

軽井沢町の歴史を紹介、展示している資料館。

● 監修

長谷川直子（はせがわなおこ）

お茶の水女子大学义教育学部人文科学科地理学コース准教授。研究のかたわら、地理学のおもしろさを伝えるべく活動中。

山本健太（やまもとけんた）

國學院大學経済学部経済学科教授。地域の伝統や文化と、経済や産業の関係について研究をしている。

宇根 寛（うねひろし）

明治大学、早稲田大学、日本大学、青山学院大学、お茶の水女子大学非常勤講師。国土地理院地理地殻活動研究センター長などをつとめたのち、現職。専門は地形。

● 編集
西上原三千代、籔下純子

● 装丁・デザイン・イラスト・図版
本多翔

● 執筆
西上原三千代

● 写真
鶴田孝介

● たてものイラスト
サンズイデザイン

● 校正
水上睦男

高い土地へ遊びにおいで！

● 取材協力
井出愛児（ヤツレン総務部）／井出典善・飯森有哉・油井政幸（長野八ヶ岳農業協同組合畜産酪農課）／軽井沢町歴史民俗資料館／河野飛翔（嬬恋村フィルムコミッション）／篠原真治・小嶋良樹（JA嬬恋村営農畜産課）／関俊明（嬬恋郷土資料館）／滝沢正一郎／嬬恋村教育委員会／長野八ヶ岳農業共同組合農業部／古川広樹（浅間山ジオパーク推進協議会事務局）／南牧村教育委員会

● 写真協力
JA嬬恋村営農畜産課（P.6・P.18苗の植えつけ・P.24・P.27尾崎直登・P.28予冷庫）／国立天文台野辺山電波観測所（P.9）／嬬恋村（P.10・P.12・P.18三原桜並木・獅子舞・P.19湯の丸高原レンゲツツジ・嬬恋高原キャベツマラソン・夏のキャンプ・P.20〜21・P.40〜43）／浅間山ジオパーク推進協議会事務局（P.13ノアザミ・アサギマダラ・ニホンカモシカ・P.18残雪の浅間山）／上原健（P.13スズラン）／万座しぜん情報館（P.13マルハナバチ）／古澤建築（P.16〜17）／Jミルク・松下牧場（P.31ホルスタイン種・ジャージー種）／軽井沢町（P.36・P.38）／土屋写真店（P.37）／キープ協会（P.39）／南牧村（P.44・P.45馬車や牛車が交通手段）／二ツ山牧場（P.45牧場の発展）

● 図版協力
千秋社（P.6〜7・P.9〜10）／山本健太（P.8）／JA嬬恋村営農畜産課（P.24）／嬬恋郷土資料館（P.15）

● 参考
『岩手キャベツ物語』（清水克志編著・キャベツの歴史と復興録出版実行委員会,2010）／『群馬県民俗調査報告書15：嬬恋村の民俗』（群馬県教育委員会編・群馬県,1973）／『地学雑誌』（2019・128巻2号・東京地学協会編集委員会）／『土地球最後の謎』（藤井一至・光文社,2018）／『嬬恋村誌』（嬬恋村誌編集委員会編・群馬県吾妻郡嬬恋村,1977）／『日本の地誌6 群馬県・埼玉県』（青野壽郎・尾留川正平編・二宮書店,1968）／『日本の地誌11 長野県・山梨県・静岡県』（青野壽郎・尾留川正平編・二宮書店,1972）／『日本歴史地名大系34：岡山県の地名』（藤井駿編・平凡社,1988）／『日本の地誌6 首都圏Ⅱ』（斎藤功・石井英也・岩田修二編・朝倉書店,2009）／『南牧村誌』（南牧村誌編纂委員会編・南牧村編纂委員会,1986）

現地取材！日本の国土と人々のくらし⑤

高い土地のくらし 群馬県嬬恋村（つまごい）・長野県野辺山原（のべやまはら）

発行 2023年11月 第1刷

監 修 長谷川直子 山本健太 宇根 寛
発行者 千葉 均
編 集 崎山貴弘
発行所 株式会社ポプラ社
〒102-8519 東京都千代田区麹町 4-2-6
ホームページ www.poplar.co.jp
kodomottolab.poplar.co.jp（こどもっとラボ）
印刷・製本 図書印刷株式会社

あそびをもっと、まなびをもっと。

こどもっとラボ

©POPLAR Publishing Co.,Ltd. 2023 Printed in Japan
ISBN978-4-591-17917-8 / N.D.C. 291 / 47P / 29cm

落丁・乱丁本はお取り替えいたします。電話（0120-666-553）または、ホームページ（www.poplar.co.jp）のお問い合わせ一覧よりご連絡ください。
※電話の受付時間は、月〜金曜日10時〜17時です（祝日・休日は除く）。

本書のコピー、スキャン、デジタル化等の無断複製は著作権法上での例外を除き禁じられています。
本書を代行業者等の第三者に依頼してスキャンやデジタル化することは、たとえ個人や家庭内での利用であっても著作権法上認められておりません。

P7243005

現地取材！
日本の国土と人々のくらし
──全8巻──

① あたたかい土地のくらし 沖縄県
監修／ 長谷川直子　山本健太

② 寒い土地のくらし 北海道
監修／ 長谷川直子　山本健太　宇根 寛

③ 雪国のくらし 新潟県十日町市・秋田県横手市
監修／ 長谷川直子　山本健太

④ 低い土地のくらし 岐阜県海津市・千葉県香取市
監修／ 長谷川直子　山本健太　宇根 寛

⑤ 高い土地のくらし 群馬県嬬恋村・長野県野辺山原
監修／ 長谷川直子　山本健太　宇根 寛

⑥ 山地のくらし 長野県飯田市
監修／ 長谷川直子　山本健太　宇根 寛

⑦ 火山とシラス台地のくらし 鹿児島県桜島・笠野原
監修／ 長谷川直子　山本健太　宇根 寛

⑧ 国境のくらし 長崎県対馬市
監修／ 長谷川直子　山本健太　宇根 寛

小学校高学年以上

N.D.C.291／A4変型判／各47ページ／オールカラー
図書館用特別堅牢製本図書

日本のさまざまな地形

地形とくらし

　人工衛星から見た地球は丸いボールのようですが、わたしたち人間の目で見ると、地球の表面はなめらかではなく、海や山や谷など凹凸があります。この地形が、気候やわたしたちのくらしに大きなかかわりをもっています。

　日本の国土は、山が多く、火山も多くあります。山地は日本列島を南北に背骨のように連なり、平地は少ないのが特徴です。そのため、地域によって気候が変わり、人びとのくらしぶりにも変化をもたらせたのです。

さまざまな地形

山地	標高が高く、山が集まっている地形。山地には、山脈、高地、高原、丘陵、火山などがある。
山脈	山が連続して、細長く連なっている山地。
高地	標高が高く、高低差がそれほど大きくないところ。
高原	標高の高いところに、平らに広がっている土地。
丘陵	低地の周辺にあり、標高がそれほど高くない場所。
火山	地下のマグマが、噴きだしてできた山。

平地	地面の凹凸が少なく、平らな土地。平地には、平野、盆地、台地、低い土地がある。
平野	河川の下流にある平地で、海面より高さが低い土地もある。
盆地	周囲を山にかこまれている平らな場所。
台地	平地の中で、台のように高く平らになっている土地。

大阪平野

飛驒山脈 ▶6巻

中国山地

播磨平野

木曽山脈 ▶6巻

筑紫山地

筑紫平野

九州山地

桜島 ▶7巻

紀伊山地

四国山地

濃尾平野 ▶4巻

宮崎平野

伊那山地

牧ノ原 ▶7巻

笠野原 ▶7巻

赤石山脈 ▶6巻